Everyday,
NOODLES
& RICE

ariko。の 日々、麺、ごはん

THE UNIVERSAL BAG

# はじめに

毎日食べるもの。毎日食べたいもの。毎日食べているもの。改めて見直してみたら私の場合は炊き立てのごはんとさっと作れる麺類でした。

ピカピカの銀シャリがあれば何よりの幸せ。梅干しや明太子、釜揚げしらすに塩昆布やお漬物などのごはんのお供と頬張るのは至福のひととき。言い古されているかもしれませんが、新米の時期などはまさに日本人に生まれてよかったと実感します。お米の美味しさを楽しみたいので、料理するときもなるべくお米の美味しさをそのまま活か

した料理法を考えます。炊き込みごはんもあえて濃い味はつけず、だしで薄味に炊いて具材後のせしたり、季節の素材とシンプルに組み合わせるのが好み。ちょっと残ったお刺身や1枚残ったステーキ肉で家族みんなが楽しめるのもごはんが受け止めてくれるから。

疲れたときには具だくさんのお味噌汁とごはんだけでも十分幸せ。とにかくお米に助けられる毎日です。

一方、麺類はお昼ごはんの頼もしい相棒といったところでしょうか。短時間でさっとできて

満足度が高い麺類はお昼ごはんにぴったり。常にストックしているスタメン選手はスパゲッティなどのパスタ、温かくても冷たくても美味しいうどんに、夏の間、大活躍してくれるそうめんなどの乾麺。ちなみに冷凍うどんもモチモチとした食感が美味しくて冷凍庫に常備しています。美味しいおだしや上質のオリーブオイル、バターを使えば、ありあわせの食材と合わせてさっと仕上げるだけ。そのシンプルさが美味しさになっていると思います。そこに旬の素材があれば楽しみもさらに増します。

今回、日々の食卓に登場するごはんと麺のレシピを改めて見直す機会をいただきました。繰り返して作っている我が家の定番レシピをはじめ、王道のレシピを自分流にアレンジしたもの、美味しいお店で食べてその組み合わせに感激して我が家でも作るようになったものなど、どれもさっと簡単にできるレシピばかり。家族を送り出してひとりで食べるお昼ごはん、リモートワーク中の置き弁や、もちろん家族揃っての週末のランチ、あ、もちろん晩ごはんにも！ 気軽に楽しんでいただけるものがたくさん。皆さまの毎日のごはん作りに少しでもお役に立てたら幸いです。

ariko

## PART 1

# BEST of 麺&ごはん

CONTENTS

# PART 2

## 麺

# PART 3

## ごはん

## 本書の表記について

● 誌面に掲載している価格は2023年11月時点の税込価格です。
● 計量の単位は大さじ1＝15㎖、小さじ1＝5㎖、1合＝180㎖です。
● 野菜の「洗う」「皮をむく」などの下処理は基本的に省略してあります。
● 材料表の「適量」はその人にとってちょうどいい量ということです。
● オーブントースターの加熱時間は1000Wを基準にしています。
● 電子レンジの加熱時間は600Wで算出しています。500Wの場合は1.2倍、700Wの場合は0.8倍の時間を目安に加熱してください。
● 電子レンジやオーブン、オーブントースターで加熱する時間は、メーカーや機種によっても異なりますので、様子を見て加減してください。また、加熱する際は付属の説明書に従って、耐熱の器やボウルなどを使用してください。
● 少ない油で揚げものをする場合は、お使いのコンロ（IH）の付属説明書に従って調理してください。

# PART 1

## BEST of NOODLES & RICE
## 麺＆ごはん

# 今までも、これからも
# 作り続ける我が家の定番

母から譲り受けた味、敬愛する先生から教えていただいた味、
大好きなお店で出合った味、ふとひらめいて作り出した味……。
きっかけはいろいろですが、長年作り続けているベストレシピです。
数え切れないほど食べている息子が、今なお「あれ食べたいな」と
リクエストするほど、家族みんなが大好きなメニューをご紹介します。

「かつおの冷製パスタ」が
母が作る料理の中で
いちばんの好物です

# かつおの
## 冷製パスタ

我が家の味といえば、まずこちら！
にんにくとエシャロットの香りを
効かせた、まろやかな酸味のソースが
かつおとパスタをまとめます。

### 材料 2人分

パスタ（フェデリーニ）…200g
かつおのたたき…1/2さく
にんにく…1かけ
エシャロット…1/2個
オリーブオイル…大さじ3
A バルサミコ酢…大さじ3
　│ 塩…小さじ1
　│ こしょう…少々
バジルの葉…適量

### 作り方

1　かつおは1.5cm角に切る。にんにくとエ
　 シャロットはみじん切りにする。

2　ソースを作る。フライパンに1のにんに
　 くとオリーブオイルを入れて弱めの中火
　 にかけ、にんにくがカリッとして香りが
　 出たら火を止めて冷ます。完全に冷めた
　 らボウルに移し、エシャロットとAを加
　 えて混ぜ合わせる。

3　小さめのボウルに2の1/3量を取る。1の
　 かつおを加えて和え、冷蔵室で冷やす。

4　鍋にたっぷりの湯を沸かし、湯に対して
　 1%の塩（分量外）を入れ、パスタを袋の
　 表示時間より30秒ほど長くゆでて冷水
　 に取る。ザルに上げ、ひとつかみずつペー
　 パータオルで水気をしっかり取ってか
　 ら2のボウルに入れてソースで和える。
　 味をみて足りなければバルサミコ酢、塩
　 各適量（ともに分量外）で味を調える。

5　器に4のパスタを盛って3のかつおをの
　 せ、バジルの葉を添える。

> **MEMO**
> 今回のレシピでは、かつおは手
> に入りやすいたたきを使いまし
> たが、もちろん刺身でもOKで
> す。まぐろを使用してもさっぱ
> りとした味わいを楽しめます。

# スーラータンメン

黒酢ならではのコクと酸味が決め手のとろみスープが
食感ある具材と麺にしっかり絡んで、最後までおいしい。

## 材料 2人分

中華生麺…2玉
豚モモ薄切り肉…70g
たけのこ水煮…70g
しいたけ…2個
えのきだけ…1/2パック
長ねぎ…10cm
卵…1個
A 顆粒鶏ガラスープの素…大さじ1
  水…800mℓ
B しょうゆ…大さじ3
  砂糖…小さじ2
  塩…小さじ1
【水溶き片栗粉】
  片栗粉…大さじ1
  水…大さじ2
黒酢…大さじ4
こしょう…小さじ1/2
パクチー…適宜
ラー油…適宜

## 作り方

1 豚肉は長さを半分に切って細切りにし、塩、酒各少々（ともに分量外）をもみ込む。たけのこは細切りにして水で洗い、ザルに上げる。しいたけは軸を除いて薄切りにする。えのきだけは石づきを除き、長さを半分に切ってほぐす。長ねぎは細切りにする。卵は割りほぐす。

2 スープを作る。鍋にAを入れて中火にかけ、沸騰したら1の豚肉をほぐし入れる。肉の色が変わったら、たけのこ、しいたけ、えのきだけ、長ねぎを加えて、Bで味を調える。混ぜながら水溶き片栗粉を加えてとろみをつけ、溶き卵を回し入れ、黒酢とこしょうを加えてひと混ぜする。

3 別の鍋に湯を沸かし、中華麺を袋の表示時間どおりにゆでてザルに上げる。

4 器に3の麺を盛って2のスープをかけ、お好みでパクチーを添えてラー油をかける。

> **MEMO**
> 具材にはトマトや豆腐を加えてもおいしいです。黒酢とラー油の量は、お好みに合わせて調整してください。

**材料** 2人分

讃岐うどん…2玉
辛子明太子…1腹
卵…2個
青ねぎ（小口切り）…適量
バター…大さじ2
だししょうゆ…適量

# 釜玉明太子
## うどん

本場の香川県を訪れて
大好きになった釜玉に
明太子をトッピングして
旨みをプラスしました。

### MEMO

仕上げに粗びきの黒こしょう
少々をふりかけても、味が締
まっておいしいです。麺は冷
凍でも生でもOKですが、ぜ
ひコシの強い讃岐うどんを使
ってください。お取り寄せす
るのも楽しい。

### 作り方

1　明太子はひと口大に切る。

2　鍋に湯を沸かし、うどんを袋の表示時間
　どおりにゆでてザルに上げる。

3　器に2のうどんを盛って卵を割り入れ、1
　の明太子、青ねぎ、バターをのせ、だし
　しょうゆを回しかける。

# 豚バラ玉ねぎ
# ニラつけそば

甘辛いつけつゆに
ボリュームある具材で
がっつりパンチを出して
食べ応え満点です。

## 材料 2人分

そば(乾麺)…160g
豚バラ薄切り肉…150g
ニラ…1/2束
玉ねぎ…1/2個
だし汁…400mℓ
しょうゆ…大さじ3
みりん…大さじ3
一味唐辛子…適宜
長ねぎ(小口切り)…適宜

## 作り方

1 豚肉は5cm幅に切る。ニラは4cm長さに
切る。玉ねぎは縦半分に切り、繊維を断
つように薄切りにする。

2 つけ汁を作る。鍋にだし汁を入れて中火
にかけ、沸騰したら1の豚肉を加えて煮
立たせる。アクが出たら除き、しょうゆ
とみりんを加え、ニラと玉ねぎを入れて
ひと煮立ちさせる。

3 鍋にたっぷりの湯を沸かし、そばを袋の
表示時間どおりにゆでてザルに上げ、冷
水で締める。

4 皿に3のそばを盛る。器に2の熱々のつ
け汁を盛り、お好みで一味唐辛子をふっ
て長ねぎを添える。

MEMO

ニラと玉ねぎを加えたら煮込ま
ず、さっと煮に。火を入れすぎ
るとシャキッとした食感がなく
なり、甘みが出てしまいます。
辛いものがお好きな方は、仕上
げの一味唐辛子のほかにラー油
をたらすのもおすすめです。

# なすの焼きびたし
## ぶっかけそうめん

焼きびたしにしたなすは、じゅわっと柔らか。
そうめんに汁ごとかければ完成の楽ちんレシピです。

## 材料 2人分

そうめん…2束
なす…4本
ツナ缶(油漬け)…1缶(70g)
サラダ油…大さじ3
A だし汁…400㎖
　 みりん…大さじ2
　 しょうゆ…大さじ2
　 酢…小さじ1
　 砂糖…小さじ1
　 塩…少々
しょうが(すりおろし)…適宜
小ねぎ(小口切り)…適宜

## 作り方

1 　なすはへたを除いて縦半分に切り、皮目に斜めに5mm幅の切れ目を入れ、さっと水にさらして水気をふき取る。ツナ缶は油を切る。

2 　フライパンにサラダ油を入れ、1のなすを皮目を下にして並べて中火にかける。皮の色が鮮やかに変わるまで3分ほど焼き、裏返して3分ほど焼く。余分な油をペーパータオルでふき取ってAを加え、沸騰したら弱火にして2分ほど煮る。保存容器に移して冷ます。

3 　鍋に湯を沸かし、そうめんを袋の表示時間どおりにゆでてザルに上げ、冷水で締める。

4 　器に3のそうめん、1のツナ、2のなすを盛って漬け汁を注ぐ。お好みでしょうがをのせて小ねぎを添える。

┤ MEMO ├

なすの焼きびたしは常備菜にもなります。作り置きしておけば、さっと出せるおかずの一品にも。薬味はみょうがや青じそ、大根おろしもよく合います。

# 目玉焼き丼
## ソーセージ添え

ごくシンプルなのっけ丼なのに
Instagram でも反響は絶大。
とろっと黄身が絡んだごはんは
誰もが大好きな味。

### 材料 2人分

ごはん…茶碗大盛り2杯分
ウインナソーセージ…4本
卵…2個
サラダ油…小さじ2
しょうゆ…適量
粗びき黒こしょう…少々

### 作り方

1 小さめのフライパンにソーセージと水大
　さじ1（分量外）を入れて中火にかけ、水
　気がなくなるまで転がしながら炒めて取
　り出す。

2 1のフライパンをペーパータオルで拭き、
　サラダ油を入れて中火にかけ、卵を割り
　入れて好みの硬さになったら火を止める。

3 丼にごはんと2の目玉焼き、1のソーセ
　ージをのせ、しょうゆを回しかけて黒こ
　しょうをふる。

> **MEMO**
>
> 目玉焼きは、白身が固まり切る
> 前に火から下ろすのがコツ。表
> 面をしっとりと仕上げることで、
> ごはんに馴染みがよくなります。
> お好みで食べるラー油や納豆、
> 青ねぎ、お漬物などを添えて、
> 味変するのもおすすめです。

# お刺身
# ばくだん丼

お買い得のお刺身パックを見つけたら
作りたくなる一品です。
彩り豊かで目にも楽しく
おうち居酒屋の締めメニューに。

## 材料　2人分

ごはん…茶碗大盛り2杯分
刺身盛り合わせ…1人分
たくあん…30g
しば漬け…30g
みょうが…2個
納豆…1パック
小ねぎ…適量
しょうゆ…適量

## 作り方

1　刺身は8mm角に切る。たくあん、しば漬けは粗みじん切りにする。みょうがは小口切りにしてさっと水にさらして水気を切る。納豆は付属のタレを加えて軽く混ぜる。小ねぎは小口切りにする。

2　丼にごはんを盛り、1の具を彩りよくのせ、しょうゆをかける。

MEMO

お刺身は赤身や白身、いか、え
びなどお好みのものでどうぞ。
中央に卵黄を落としたり、のり
を添えたりしてもおいしいです。

# サイコロステーキのチャーハン

ステーキ肉1枚でもごはんと組み合わせれば、
ステーキの贅沢気分と、チャーハンの気軽さの両方が楽しめます。

## 材料 2人分

ごはん…300g
牛赤身ステーキ肉…300g
にんにく…2かけ
玉ねぎ…1/4個
サラダ油…大さじ2
バター…大さじ1
顆粒コンソメスープの素…小さじ1
しょうゆ…小さじ1
パセリ(みじん切り)…適量

## 作り方

1 牛肉は両面に塩、こしょう各少々(ともに分量外)をふる。にんにくは芯を除いて薄切りにする。玉ねぎは粗みじん切りにする。

2 フライパンに1のにんにくとサラダ油を入れて弱火にかけ、にんにくがきつね色になったらペーパータオルに取り出して油を切る。フライパンに油は残しておく。

3 2のフライパンに1の牛肉を入れて中火にかけ、両面をそれぞれ1分30秒ほど焼いて取り出す。アルミ箔で包んで5分ほどおき、取り出して2cm角に切る。

4 3のあいたフライパンにバターを入れて中火にかけ、1の玉ねぎを加えてしんなりするまで炒める。コンソメスープの素を入れてひと混ぜし、ごはんを加えて炒める。ごはん全体に油が回ったら、しょうゆを鍋肌から加えて香りをつけ、3の牛肉を戻し入れてさっと炒め合わせる。

5 器に4のチャーハンを盛り、2のにんにくをのせてパセリをふる。

> **MEMO**
> ステーキ肉が人数分ないときも、サイコロ状に切ってチャーハンにすれば、満足度の高いメニューになります。マッシュルームを炒め合わせたごはんにしても、お肉によく合っておすすめです。

# きのこたっぷりの
## ビーフストロガノフ

サワークリームを使って白く仕上げるのが我が家流。
爽やかな酸味が広がり、口当たり軽く食べられます。

## 材料 4人分

ごはん…400g
牛赤身切り落とし肉…300g
小麦粉…大さじ1
玉ねぎ…2個
マッシュルーム…1パック
しめじ…1パック
しいたけ…3個
バター…40g
A 顆粒コンソメスープの素…小さじ2
  水…600㎖
サワークリーム…200g
塩…小さじ1
こしょう…少々
B パセリ(みじん切り)…大さじ3
  バター…大さじ1

### MEMO

サワークリームは分離しやすいので、フライパンに加えたら火にかけすぎないのがポイントです。牛肉の代わりに豚肉を使っても◎です。

## 作り方

1 牛肉はひと口大に切り、塩、こしょう各少々(ともに分量外)をふり、小麦粉を茶こしでふってまぶす。玉ねぎは縦半分に切り、繊維に沿って薄切りにする。マッシュルームは石づきを除いて薄切りにする。しめじは石づきを除いて小房に分ける。しいたけは軸を除いて1.5㎝幅に切る。

2 フライパンに1の牛肉とバター10gを入れて中火にかけ、肉の色が変わるまで炒めたら取り出す。さらにバター10gを入れて溶かし、玉ねぎを加えて炒める。玉ねぎが透きとおってきたらマッシュルーム、しめじ、しいたけ、バター20gを加えてしんなりするまで炒める。

3 2にAを加えて中火にかけ、牛肉を戻し入れて10分ほど煮込む。サワークリームを加えて溶かし混ぜ、塩、こしょうで味を調える。

4 ごはんにBを混ぜ合わせてパセリライスを作る。

5 器に4のパセリライスを盛って3のビーフストロガノフをかける。

# キャンベルマッシュルームの
# ブロッコリーライス

寒い季節になったら食べたくなる、母譲りの味。
ホワイトソースがなくても、スープ缶を使ってとろけるドリアが作れます。

## 材料　18×12×5cmの耐熱皿1枚分

ごはん…茶碗大盛り1杯分
ブロッコリー…1/2個
ピーマン…1個
玉ねぎ…1/2個
マッシュルーム…1/2パック
バター…10g
塩、こしょう…各少々
A キャンベルスープ缶
　　クリームマッシュルーム
　　…1缶(305g)
　　牛乳…180㎖
　　生クリーム…大さじ2
溶けるチーズ…200g

## 作り方

1 ブロッコリーは小房に分け、硬めに塩ゆでする。ピーマンと玉ねぎは粗みじん切りにする。マッシュルームは石づきを除いて薄切りにする。

2 フライパンにバターを入れて中火にかけ、1の玉ねぎを加えて炒める。玉ねぎが透きとおってきたらピーマンとマッシュルームを加え、しんなりするまで炒めたら塩とこしょうをふる。

3 2にAを加えて混ぜる。沸騰したらごはんとチーズの半量を加えてさっくりと混ぜ、耐熱皿に移す。表面に1のブロッコリーを埋め込み、残りのチーズを散らす。

4 200℃のオーブンに入れて、チーズがきつね色になるまで10〜15分焼く。

> **MEMO**
> より食べ応えが欲しいときは、ごはんに鶏肉やハム、ツナなどを加えるのもおすすめです。

# PART

## NOODLES

# 簡単にできて満足度が高い！
# 日々の食卓を支えるのが麺料理

〝グルテンフリー〟なんてどこ吹く風、というくらい
家族全員が麺好きで、麺料理の登場頻度が高い我が家。
ありあわせのもので作れるから、忙しいときにも助かります。
麺の種類や素材の組み合わせによって献立の幅が広がり、
一品で主食とおかずを兼ね備えてくれるのがいいところ。

# パスタ

## PASTA

### ランチにも、ディナーにも
### 大活躍してくれる一皿です

麺の中でも最も作る機会が多いのは、やはりパスタ。
ランチタイムなら、ナポリタンなどの食べ応えあるものに
ちょっとしたサラダやスープを添えて。
ディナーではシンプルに仕上げて、前菜や主菜とともに。
昼も夜も、パスタ＋αの献立で楽しむのが我が家流。

# レモンクリームパスタ

クリーミーなソースにレモンが
効いた、濃厚なのに爽やかな味わい。
ゆで上げたパスタにソースを
絡めるだけなので、実は簡単！

## 材料 2人分

パスタ（スパゲッティーニ）…200g
レモン…1個
バター…20g
生クリーム…200mℓ
パルミジャーノレッジャーノ…大さじ4

**MEMO**

お好みの酸味に合わせて、レモン汁の
量は加減してください。チーズの風味
がより欲しい場合には、仕上げにパル
ミジャーノを削りかけてもOKです。

## 作り方

1　レモンは飾り用に2枚を輪切りにして、
　残りはレモン汁を絞る。

2　フライパンにバターと生クリームを入れ
　て弱火にかけ、バターが溶けたら1のレ
　モン汁適量とパルミジャーノレッジャー
　ノを加えて混ぜ合わせ、火を止める。

3　鍋にたっぷりの湯を沸かし、湯に対して
　1％の塩（分量外）を入れ、パスタを袋の
　表示時間より1分ほど短くゆでてザルに
　上げる。ゆで汁は残しておく。

4　2のフライパンに3のパスタとゆで汁
　100mℓを加え、全体を混ぜ合わせる。味
　をみて足りなければ塩少々（分量外）で
　味を調える。

5　器に盛ってレモンの皮をおろしかけ、1
　のレモンの輪切りを添える。

# 鯖缶トマトソースパスタ

ストック食材として便利な鯖缶とトマト缶を使って
ごちそう感のあるイタリアンな一品に。

### 材料 2人分

パスタ(スパゲッティーニ)…200g
鯖缶(水煮)…1缶(120g)
玉ねぎ…1/2個
にんにく…1かけ
A カットトマト水煮缶…1/2缶(200g)
| 赤唐辛子…1本
| ケッパー…小さじ2(なくても可)
オリーブオイル…大さじ2
塩…小さじ1
イタリアンパセリ…適量

### 作り方

1 玉ねぎとにんにくはみじん切りにする。
  赤唐辛子は種を除く。

2 フライパンにオリーブオイルと1のにん
  にくを入れて中火にかけ、香りが出るま
  で炒める。玉ねぎを加えて透きとおるま
  で炒めたら、鯖缶を汁ごと加えて炒め合
  わせる。Aを加えて5分ほど煮て塩で味
  を調える。

3 鍋にたっぷりの湯を沸かし、湯に対して
  1%の塩(分量外)を入れ、パスタを袋の
  表示時間より1分ほど短くゆでてザルに
  上げる。ゆで汁は残しておく。

4 2のフライパンに3のパスタを加え、全
  体を混ぜ合わせる。水気が足りなければ
  パスタのゆで汁を加えて調節する。

5 器に盛ってイタリアンパセリを散らし、
  オリーブオイル(分量外)を回しかける。

> **MEMO**
>
> 魚料理と相性がよいケッパーは、
> ソースのアクセントになるので
> 手に入ればぜひ使ってみてくだ
> さい。酢漬けと塩漬けがあり、
> 塩漬けのケッパーは塩抜きをし
> てから使ってください。

# ほうれん草、卵、ソーセージパスタ

お馴染みの具材とバター＆しょうゆの香りに
ほっとする、どこか懐かしいおかずパスタ。

## 材料 2人分

パスタ（スパゲッティーニ）…200g
ほうれん草…1/2束
卵…2個
ウインナソーセージ…6本
にんにく…1かけ
赤唐辛子…1本
バター…大さじ1
オリーブオイル…大さじ2
A 顆粒コンソメスープの素…小さじ1弱
　 塩…小さじ1/2
　 こしょう…少々
しょうゆ…大さじ1

## 作り方

1 ほうれん草はさっとゆでて冷水に取り、水気を絞って4cm長さに切る。卵は割りほぐす。ソーセージは斜め半分に切る。にんにくはみじん切りにする。赤唐辛子は種を除き、小口切りにする。

2 小さめのフライパンにバターを入れて中火にかけ、バターが溶けたら1の溶き卵を入れて強火にし、大きくかき混ぜて半熟状になったら取り出す。

3 鍋にたっぷりの湯を沸かし、湯に対して1％の塩（分量外）を入れる。パスタを袋の表示時間より1分ほど短くゆでてザルに上げる。

4 フライパンにオリーブオイルと1のにんにくを入れて中火にかけ、香りが出たらほうれん草とソーセージを加えてひと混ぜして、Aで味を調える。

5 4に3のパスタを加えて炒め合わせ、しょうゆを鍋肌から加えて香りをつける。2の卵を加えてざっくりと混ぜ合わせて器に盛る。

### MEMO

原宿にあるスパゲティ専門店「SPAGO」のメニューをヒントにしたレシピです。ウインナソーセージの代わりに、ベーコンを使ってもおいしくできます。

# ナポリタン

子どもから大人まで、皆が大好きなメニューは
トマトソースも使って、しっとり感と旨みがアップ！

## 材料 2人分

パスタ（ブカティーニ）…200g
ベーコン…70g
玉ねぎ…1/2個
マッシュルーム…6個
ピーマン…2個
バター…大さじ3
A｜トマトソース（プレーンタイプ）…60g
　｜トマトケチャップ…大さじ5
　｜顆粒コンソメスープの素…小さじ1
　｜塩…ひとつまみ
　｜こしょう…少々
粉チーズ…適宜
タバスコ…適宜

## 作り方

1　ベーコンは1.5cm幅に切る。玉ねぎは縦半分に切って薄切りにする。マッシュルームは石づきを除いて薄切りにする。ピーマンはへたと種を除き、5mm幅の輪切りにする。

2　フライパンにバター大さじ2を入れて中火にかけ、バターが溶けたら1のベーコン、玉ねぎ、マッシュルームの順に加え、それぞれ火が通るまで炒める。Aを加えて少し煮詰めたら火を止める。

3　鍋にたっぷりの湯を沸かし、湯に対して1％の塩（分量外）を入れる。パスタを袋の表示時間より1分ほど短くゆでてザルに上げる。ゆで汁は残しておく。

4　パスタがゆで上がる前に2のフライパンを中火にかけて煮立たせておき、3のパスタとバター大さじ1を加え、全体を混ぜ合わせる。水気が足りなければパスタのゆで汁を加えて調節する。1のピーマンを加えてさっと炒め合わる。

5　器に盛り、お好みで粉チーズ、タバスコを添える。

⊣ MEMO ⊢

パスタは太めの麺を使うことで、しっかりとした味のソースとバランスが取れたおいしい仕上がりに。ピーマンは彩りと食感を残すために、炒めすぎないのがポイントです。

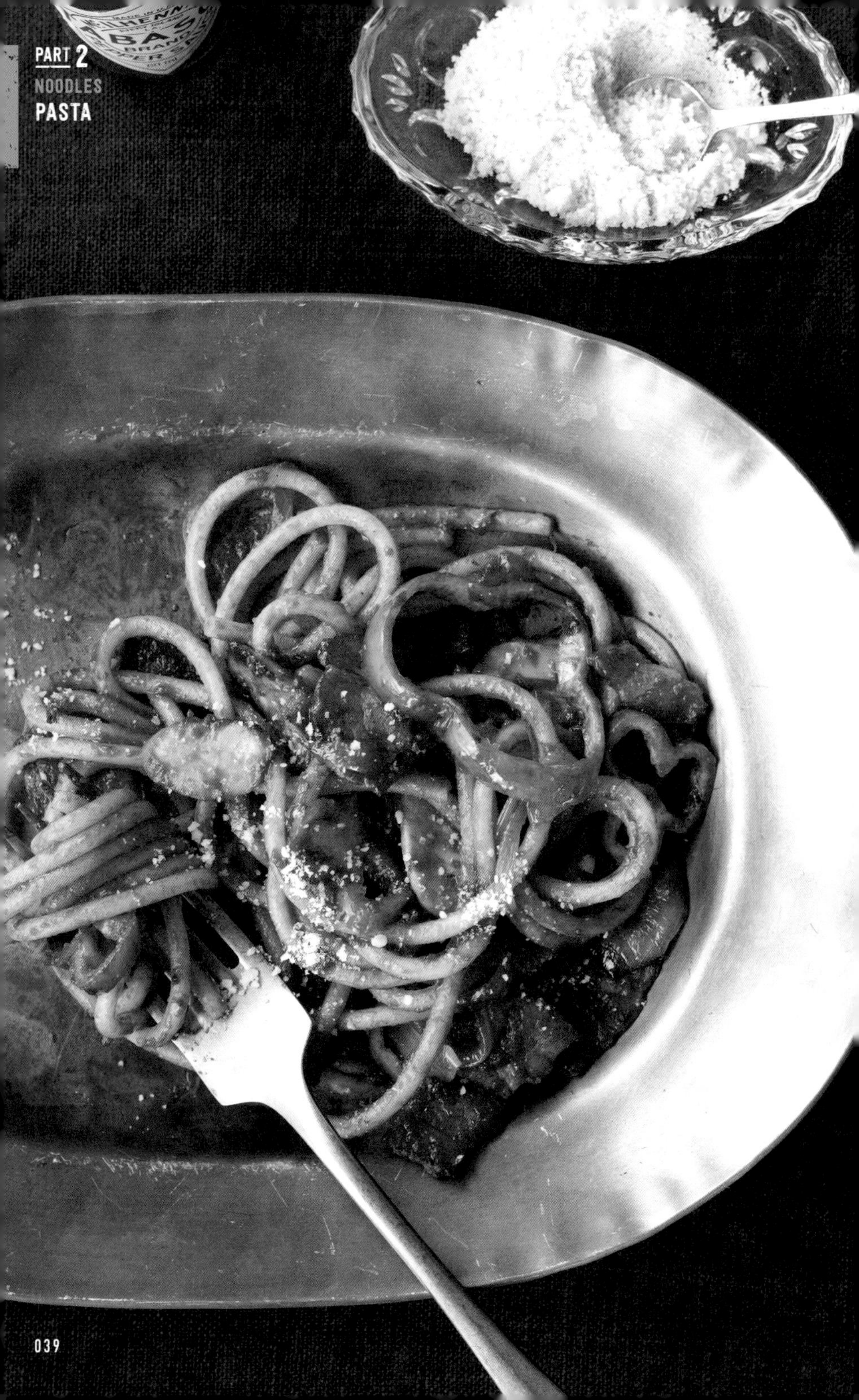

# キャベツとツナの
## ペペロンチーノ

定番メニューのペペロンチーノに
ツナとキャベツをプラスして、食べ応えを出しました。

### 材料 2人分

パスタ（スパゲッティーニ）…200g
キャベツ…4枚（200g）
ツナ缶（油漬け）…1缶（70g）
にんにく…1かけ
赤唐辛子…1本
オリーブオイル…大さじ2
アンチョビフィレ…2枚

### 作り方

1 キャベツはひと口大に切る。ツナ缶は油を切る。にんにくはみじん切りにする。赤唐辛子は種を除いて小口切りにする。

2 フライパンにオリーブオイル、1のにんにく、赤唐辛子を入れて中火にかけ、にんにくの香りが出たら、アンチョビを加えてほぐしながら炒める。ツナを加え、ひと混ぜして火を止める。

3 鍋にたっぷりの湯を沸かし、湯に対して1％の塩（分量外）を入れる。パスタを袋の表示時間どおりにゆでる。ゆで上がる2分ほど前に1のキャベツを加えて、一緒にザルに上げる。

4 2のフライパンを中火にかけ、3のパスタとキャベツを加えて炒め合わせる。

5 器に盛り、オリーブオイル（分量外）を回しかける。

MEMO
アンチョビフィレがない場合は、ナンプラーで代用してもOK。味をみながら量を加減してください。野菜をたくさん摂りたいときはブロッコリーを加えるのもおすすめです。その場合、小房に分けて、キャベツをゆで始める1分ほど前に鍋に加えます。

# 中華麺

## CHINESE NOODLES

### お馴染みの中華メニューを
### アレンジして我が家の味に

お取り寄せの一品として、リピートしている中華麺。
お気に入りの製麺所でまとめ買いしては
届いたその日から、おうち中華を楽しんでいます。
中華麺があれば、タンメン、焼きそば、冷やし……と
誰もが親しみやすい料理のバリエーションが広がります。

# 冷やしねぎそば

シャキシャキのさらしねぎと
タレが絡んだ麺に、手が止まらない！
焼き豚の旨みときゅうりの食感も効いています。

## 材料 2人分

中華生麺…2玉
長ねぎ…1と1/2本
焼き豚…150g
きゅうり…2本
A ごま油…大さじ2
　白だし…大さじ2
　しょうがの絞り汁…小さじ2
　砂糖…小さじ1

## 作り方

**1** 長ねぎはできる限り薄い斜め切りにして、たっぷりの水にさらして手でもみ、水を2回ほど換えてシャキッとさせてからザルに上げて水気を切る。焼き豚ときゅうりは細切りにする。Aは混ぜ合わせる。

**2** 鍋に湯を沸かし、中華麺を袋の表示時間どおりにゆでてザルに上げ、流水で洗い水気をしっかりと切る。

**3** ボウルに2の麺とAを大さじ2入れて和える。

**4** 器に3の麺を盛って1の長ねぎ、焼き豚、きゅうりをのせ、残りのAを回しかける。

**MEMO**

池尻にある中華料理店「鶏舎」の夏限定メニューをイメージしました。味の要となる長ねぎは、ぜひたっぷりとのせて。お好みで、ラー油やお酢をかけて味変しながら食べるのもおすすめです。

# 味噌バターラーメン

濃厚な味噌スープにたっぷりの野菜がバランスよく、
体の中からぽかぽか温まる味わいです。

### 材料 2人分

中華生麺…2玉
豚バラ薄切り肉…100g
キャベツ…2枚
玉ねぎ…1/2個
もやし…1袋
A 味噌…大さじ3
　顆粒鶏ガラスープの素…大さじ1
　しょうゆ…大さじ1
　砂糖…小さじ2
　塩…小さじ1/2
　水…800㎖
サラダ油…小さじ2
B しょうが(すりおろし)…小さじ1
　にんにく(すりおろし)…小さじ1/2
　豆板醤…小さじ1/2
コーン缶…小1缶
長ねぎ(粗みじん切り)…適量
バター…適量

### 作り方

1　豚肉は1㎝幅の細切りにする。キャベツはひと口大にちぎる。玉ねぎは繊維に沿って薄切りにする。もやしは水に浸してパリッとさせてからザルに上げて水気を切る。Aは混ぜ合わせる。

2　中華鍋にサラダ油を入れて中火にかけ、1の豚肉、Bを加えて炒める。肉の色が変わったら、キャベツ、玉ねぎ、もやしを加えて強火にして、全体に油が回るまで炒め合わせ、Aを加えて沸騰させる。

3　別の鍋に湯を沸かし、中華麺を袋の表示時間どおりにゆでてザルに上げる。

4　器に3の麺を盛って2のスープをかけ、汁気を切ったコーンと長ねぎを散らしてバターをのせる。

> **MEMO**
> 野菜類は強火で手早く炒めて、シャキッとした食感を残すのがポイントです。お好みの辛さに合わせて、豆板醤の量は調整してください。

# トマトセロリ
# タンメン

あっさり塩スープのタンメンに
トマトとセロリの組み合わせが
ぐっと際立つ、やみつきの味。

## 材料 2人分

中華生麺…2玉
トマト…小2個
セロリ…1本
卵…1個
A 顆粒鶏ガラスープの素…小さじ2
　 塩…小さじ1
　 砂糖…小さじ1/2
　 水…500㎖
長ねぎ(粗みじん切り)…適量
ごま油…適量

## 作り方

1　トマトは8等分のくし形切りにしてから
　横半分に切る。セロリは1cm厚さの斜め
　切りにする。卵は割りほぐす。

2　鍋に A を入れて中火にかけ、煮立ったら
　1のトマトとセロリを加えてひと煮立ち
　させる。溶き卵を回し入れ、卵が表面に
　浮いてきたら火を止める。

3　別の鍋に湯を沸かし、中華麺を袋の表示
　時間どおりにゆでてザルに上げる。

4　器に3の麺を盛って2のスープをかけ、
　長ねぎを散らしてごま油をたらす。

**MEMO**

セロリの香りが苦手な人は、代わりにキャベツにしたり、具材をトマトと卵のみにしてもさっぱりと楽しめます。

# うずらの卵の
## あんかけ焼きそば

ゴロゴロ入ったうずらの卵が
ちょっとうれしいあんかけです。
カリッと焼いた麺にとろみが絡んで美味。

### 材料 2人分

中華蒸し麺…2玉
うずらの卵水煮…10個
豚モモ薄切り肉…100g
片栗粉…小さじ1
白菜…3枚
たけのこ水煮…50g
A オイスターソース…大さじ1
　 紹興酒（なければ酒）…大さじ1
　 しょうゆ…大さじ1
　 顆粒鶏ガラスープの素…小さじ2
　 水…200ml
サラダ油…大さじ2
しょうが（みじん切り）…小さじ1
塩…少々
こしょう…少々
【水溶き片栗粉】
　 片栗粉…大さじ2
　 水…大さじ2
ごま油…小さじ2

### 作り方

1 豚肉は細切りにして片栗粉をまぶす。白菜は4cm長さに切ってから細切りにする。たけのこは細切りにする。Aは混ぜ合わせる。

2 中華鍋にサラダ油大さじ1としょうがを入れて弱火にかけ、香りが出たら1の豚肉を加えて強火で炒める。肉の色が変わったら、たけのこ、白菜を加えて炒め合わせ、塩とこしょうをふる。

3 に を加えて煮立ったらうずらの卵を加え、さらに水溶き片栗粉を加えてとろみをつけ、ごま油をたらす。

4 フライパンにサラダ油大さじ1を入れて中火にかけ、中華麺をほぐしながら加えて炒める。鍋肌に押しつけるようにして両面に香ばしい焼き色をつける。

5 器に4の麺を盛って3のあんをかける。

> **MEMO**
>
> あんに入れる野菜は、白菜以外に、もやしや小松菜、ニラなどもおすすめです。

# 塩レモンラーメン

しっとりと仕上げた鶏肉とレモンの酸味でヘルシーに。
軽やかにラーメン欲を満たしてくれます。

## 材料 1人分

中華生麺…1玉
レモン…1/2個
鶏胸肉…1/2枚
A 顆粒鶏ガラスープの素…大さじ1
水…300ml
塩…小さじ1
砂糖…小さじ1/2
小ねぎ(小口切り)…適量
ごま油…小さじ2

## 作り方

1 レモンは2〜3枚を輪切りにして、残りは絞る。

2 鍋にAを入れて中火にかけ、煮立ったら鶏肉を加えて弱火にし、2分ほどゆでて火を止める。中まで火が通ったら取り出し、そぎ切りにする。

3 2の鍋を再び沸かし、アクを除いて塩と砂糖を加える。

4 別の鍋に湯を沸かし、中華麺を袋の表示時間どおりにゆでてザルに上げる。

5 器に4の麺を盛って3のスープをかけ、2の鶏肉をのせる。1のレモンの輪切りと小ねぎを添え、レモン汁適量とごま油をたらす。

**MEMO**

中華麺のほか、そうめんを使ってもおいしくできます。鶏胸肉をゆでる時間がないときは、市販のサラダチキンで代用してもOKです。

# うどん

## UDON

### 冷凍うどんのストックが
### 今食べたい！に応えます

冷凍室にうどんのストックがあればひと安心です。
小腹がすいたときでも、パッと手軽に一品が完成。
残りもののカレーやチゲ、ちょっと余った野菜など
そのときあるものを無駄なく使えるのも、家庭料理の味方です。
思い立ったら作れて失敗知らずな懐の深さは、うどんならでは。

# 鶏キャベツうどん

キャベツのやさしい甘さにあっさり鶏ササミ。
お疲れ気味のときも、おなかにするっと収まります。

## 材料 1人分

うどん（冷凍）…1玉
鶏ササミ…2本
キャベツ…2枚
長ねぎ…3cm
A 白だし…大さじ2
　 水…300㎖
ごま油…小さじ1

## 作り方

1 ササミはそぎ切りにする。キャベツはひと口大にちぎる。長ねぎは小口切りにする。

2 小鍋にAを入れて中火にかけ、沸騰したら1のササミ、キャベツを加えてひと煮立ちさせる。うどんを加えて柔らかくなるまで煮て、長ねぎを加えて火を止める。

3 器に盛り、ごま油をたらす。

**MEMO**

キャベツの代わりに、レタスを使ってもOKです。その場合、火を止める直前に鍋に入れて、シャキッとした食感を残すのがおすすめです。

# 汁なし
# ニラうどん

**熱い油をジュッとかけて香り立つ一皿に。**
**たっぷりのニラをまとったうどんが**
**たまらないおいしさ。**

## 材料 2人分

うどん(冷凍)…2玉
ニラ…2/3束
小ねぎ…1/3束
A しょうゆ…大さじ1
 │ オイスターソース…小さじ1/2
ごま油…大さじ1
サラダ油…大さじ1

## 作り方

1 ニラはできるだけ細かいみじん切りに、
 小ねぎは小口切りにして、さっくりと混
 ぜ合わせる。Aは混ぜ合わせる。

2 鍋に湯を沸かし、うどんを袋の表示時間
 どおりにゆでてザルに上げる。

3 器に2のうどんを盛ってAをかけて絡め、
 1のニラと小ねぎをたっぷりとのせる。
 小鍋にごま油とサラダ油を入れて中火に
 かけ、熱々に熱して回しかける。

**MEMO**

曙橋にある中華料理店「敦煌」の
味をヒントに、我が家風にアレ
ンジしました。辛いのがお好き
なら、ニラと小ねぎに青唐辛子
のみじん切りを適量プラスして
も、ピリッと味が締まります。

# キムチチゲうどん

石鍋や土鍋のまま食卓へ、がおすすめ！
熱々をハフハフ食べて
汗をじんわりかくのが爽快です。

## 材料 2人分

うどん（冷凍）…2玉
豚バラ薄切り肉…150g
キムチ…150g
しめじ…1パック
長ねぎ…1/2本
ニラ…1/2束
ごま油…大さじ1
にんにく（すりおろし）…小さじ1
A だし汁…800㎖
コチュジャン…大さじ2
しょうゆ…大さじ2
みりん…大さじ2
卵…2個

## 作り方

1 豚肉は3cm長さの細切りにする。キムチは食べやすい大きさに切る。しめじは石づきを除いて小房に分ける。長ねぎは斜め切りにする。ニラは3cm長さに切る。

2 鍋にごま油を入れて中火にかけ、1の豚肉とにんにくを入れて炒める。肉の色が変わったら、キムチを加えて炒め合わせる。

3 2にAを入れ、煮立ったら1のしめじと長ねぎを加えてひと煮立ちさせる。うどんを加えて柔らかくなるまで煮て、ニラを加えて1分ほどさっと煮る。卵を割り入れて火を止め、器に盛る。

**MEMO**

豆腐やウインナソーセージ、余
りものの野菜など、お好きな具
材を加えてボリュームアップし
ても◎です。

## 材料　2人分

うどん(冷凍)…2玉
【かき揚げ】
　ごぼう…80g
　生ハム…50g
　小麦粉…50g
　水…50㎖
　揚げ油…適量
だし汁…600㎖
しょうゆ…大さじ4
みりん…大さじ4
長ねぎ(小口切り)…適量

# ごぼうと生ハムの
# かき揚げうどん

シンプルに仕立てたうどんには
カリッ、サクッのかき揚げが
抜群のお供になります。

### 作り方

1 かき揚げを作る。ごぼうは泥を
洗い落としてピーラーで7～8
cm長さの薄切りにし、水に5分
ほどさらしてザルに上げ、ペー
パータオルで軽く水気をふく。
生ハムは一口大にちぎる。ボウ
ルにごぼう、生ハム、小麦粉、
水を順に入れ、さっくりと混ぜ
て2等分にして軽くまとめる。
フライパンに揚げ油を3cmほど
の深さに入れて170℃に熱し、
かき揚げダネを鍋肌から落とし
入れる。2～3分したら裏返し、
さらに2分ほど揚げ、カリッと
したら網に上げて油を切る。

2 鍋にだし汁を入れて中火にかけ、
沸騰したらしょうゆとみりんを
加えてひと煮立ちさせる。

3 別の鍋に湯を沸かし、うどんを
袋の表示時間どおりにゆでてザ
ルに上げる。

4 器に3のうどんを盛って2のつ
ゆをかけ、1のかき揚げをのせ、
長ねぎを散らす。

> **MEMO**
> かき揚げには、ごぼうの代わり
> にスライス玉ねぎや細切りにし
> たさつまいもも生ハムによく合
> っておすすめです。

# お揚げ入り
# カレーうどん

九条ねぎがあれば、
ぜひ使ってみて!
お揚げと九条ねぎが欠かせない
京都風のカレーうどんになります。

## 材料 2人分

うどん(冷凍)…2玉
豚バラ薄切り肉…100g
油揚げ…1枚
青ねぎ…1本
サラダ油…小さじ1
だし汁…700mℓ
しょうゆ…大さじ4
みりん…大さじ4
カレールウ(フレーク)…大さじ2
【水溶き片栗粉】
　片栗粉…大さじ1
　水…大さじ1

## 作り方

1 豚肉は3cm幅に切る。油揚げは1cm幅に切る。青ねぎは斜め切りにする。

2 鍋にサラダ油を入れて中火にかけ、1の豚肉と塩ひとつまみ(分量外)を加え、肉の色が変わるまで炒める。

3 2にだし汁を注いで沸騰させ、アクが出たら除き、1の油揚げ、青ねぎ、しょうゆ、みりんを加えてひと煮立ちしたら火を止める。カレールウを溶かし入れて再び中火にかけ、沸騰したら水溶き片栗粉を加えてとろみをつける。

4 別の鍋に湯を沸かし、うどんを袋の表示時間どおりにゆでてザルに上げる。

5 器に4のうどんを盛って3のつゆをかける。

**MEMO**

カレーが残ったら、めんつゆで
のばしてかけつゆにすれば、カ
レーうどんにリメイクできます。
市販のレトルトカレーを使用し
てもOKです。餅を加えても◎。

# そば

## SOBA

### そばに好きな素材を合わせて
### 体が喜ぶヘルシーランチに

我が家にとっておそばは〝お店で食べるもの〟でした。
私がファスティングをしたとき、準備食・回復食に
十割そばを取り入れたところ、そのおいしさを再認識。
以来、自分のためのヘルシーな昼食として
そばレシピのレパートリーを増やしています。

# ごま油塩そば

ごま油&塩の鉄板コンビで
シンプルなのに後を引く味に。
和えるだけの手軽さなのに
新しい味わいを楽しめます。

## 材料 1人分

そば(乾麺)…100g
みょうが…1個
すだち…1個
ごま油…小さじ2
塩…小さじ2
白いりごま…適量

┌─ **MEMO** ─┐

塩が味の決め手となるので、旨
みがしっかりとあるおいしいも
のを使ってください。レシピで
は「ろく助塩」を使用しています。

## 作り方

**1** みょうがは縦に薄切りにして水にさらし、ザルに上げて水気を切る。すだちは半分に切る。

**2** 鍋にたっぷりの湯を沸かし、そばを袋の表示時間どおりにゆでてザルに上げ、冷水で締める。

**3** ボウルに2のそばを入れ、ごま油を回しかけて塩をふり、軽く混ぜて味を調える。

**4** 器に3のそばを盛り、1のみょうがとすだちを添え、いりごまをふる。

# 鶏南蛮かけそば

鶏の旨みとねぎの香りが
つゆにじんわりと染み渡ります。
ほっと落ち着く、定番の味です。

### 材料　2人分

そば（乾麺）…200g
鶏モモ肉…1/2枚
長ねぎ…1本
サラダ油…適量
だし汁…600mℓ
しょうゆ…大さじ4
みりん…大さじ4
三つ葉（ざく切り）…適量

### 作り方

1　鶏肉は余分な脂肪を除き、一口大に切る。
　　長ねぎは3cm長さに切る。

2　鍋に湯を沸かし、そばを袋の表示時間ど
　　おりにゆでてザルに上げ、流水で洗って
　　水気を切る。

3　フライパンにサラダ油をひいて中火にか
　　け、皮目を下にした1の鶏肉と長ねぎを
　　並べ入れる。こんがりと焼き色がついた
　　ら裏返し、余分な油をペーパータオルで
　　ふき取る。だし汁を加え、沸騰したらし
　　ょうゆとみりんを加え、アクが出たら除
　　きながら3分ほど煮る。2のそばを加え
　　てひと煮立ちさせる。

4　器に盛り、三つ葉を散らす。

**MEMO**

だし汁・しょうゆ・みりんで作るつゆの代わりに市販のめんつゆでもOKです。その場合、表示の濃度にしてから塩を加えて調整すると、つゆの味が締まるのでおすすめです。

# 梅トマト納豆そば

梅干し・トマト・納豆が抜群の好相性。
たっぷりの薬味とともに
豪快に混ぜて、つるっとどうぞ。

## 材料 1人分

そば(乾麺)…100g
トマト…1個
梅干し(甘めのもの)…1個
納豆…1パック
【合わせ薬味】
みょうが…1個
小ねぎ…2本
かいわれ菜…適量
めんつゆ(ストレート)…150㎖
オリーブオイル…小さじ2

## 作り方

**1** トマトは一口大に切る。梅干しは種を除いて包丁でたたく。トマトと梅干しを和える。納豆は付属のタレを加えて混ぜる。

**2** 合わせ薬味を作る。みょうがは縦半分に切ってから小口切りにする。小ねぎは小口切りにする。かいわれ菜は1㎝長さに切る。すべてを合わせて水にさっとさらし、ザルに上げて水気を切る。

**3** 鍋にたっぷりの湯を沸かし、そばを袋の表示時間どおりにゆでてザルに上げ、冷水で締める。

**4** 器に3のそばを盛って1の梅トマトと納豆をのせる。めんつゆをかけて合わせ薬味を散らし、オリーブオイルをたらす。

MEMO

甘めに仕上げた梅干しが手に入
らず、塩味のあるものを使う場
合には、はちみつや砂糖で甘み
を加えて塩っぱさを抑えるのが
おすすめです。

**MEMO**

揚げ餅の油分が気になる人は、
油を薄くひいたフライパンで餅
をじっくりと弱火で焼くと、油
の量が控えめになります。

# 揚げ餅の力そば

こんがりと揚げた餅に
大根おろしが絡んでさっぱり。
程よい油がつゆにコクを与えてくれます。

<u>材料</u> 2人分

そば…200g
切り餅…2個
揚げ油…適量
大根…200g
だし汁…600㎖
しょうゆ…大さじ4
みりん…大さじ4
小ねぎ(小口切り)…適量

<u>作り方</u>

1 餅は4等分に切る。フライパンに揚げ油
を入れて中火にかけ、餅を加えたら軽く
色づいてふくらむまで裏返しながら揚げ
る。大根はすりおろして水気を切る。

2 鍋に湯を沸かし、そばを袋の表示時間ど
おりにゆでてザルに上げ、流水で洗って
水気を切る。

3 別の鍋にだし汁を入れて中火にかけ、沸
騰したらしょうゆとみりんを加えて煮立
たせ、2のそばを加えてひと煮立ちさせる。

4 器に3のそばとつゆを盛り、1の揚げ餅
と大根おろしをのせ、小ねぎを散らす。

# そうめん

## SOMEN

### ジャンルレスなアレンジで
### 夏を過ぎても食べ飽きさせない！

のど越しがよく、食欲が落ちたときもつるんと
食べられるそうめんは、我が家では夏の定番麺です。
シンプルだからこそアレンジしやすいのが利点！
いつもお気に入りのお店からまとめて取り寄せて、
季節を問わず、さまざまなレシピで楽しんでいます。

# トマトジュース
# そうめん

じっくり料理をする気力も体力もない日に。
トマトジュースにめんつゆをちょい足しで
ゴクゴク飲めるおいしいスープが完成!

## 材料 1人分

そうめん…1束
トマト…1個
A トマトジュース…200mℓ
  めんつゆ(3倍希釈)…大さじ1と1/2
【合わせ薬味】
  みょうが…適量
  小ねぎ…適量
オリーブオイル…適量

> **MEMO**
>
> ピリ辛がお好きな方は、仕上げにタバ
> スコを数滴たらしてもおいしいです。
> 濃度があるスープには太めの麺が合う
> ので、手に入れば半田麺など太めの手
> 延べそうめんがおすすめです。

## 作り方

1 トマトは一口大に切る。Aは混ぜ合わせ
  る。

2 合わせ薬味を作る。みょうがは縦4等分
  に切ってから小口切りにする。小ねぎは
  小口切りにする。ともに合わせて水にさ
  っとさらし、ザルに上げて水気を切る。

3 鍋に湯を沸かし、そうめんを袋の表示時
  間どおりにゆでてザルに上げ、冷水で締
  めて水気を切る。

4 器に3のそうめんを盛ってAをかけ、1の
  トマトをのせる。合わせ薬味を散らし、
  オリーブオイルをたらす。

**MEMO**

カレーつけ汁に鶏肉やパプリカ、ピーマンなどを加えて具だくさんにすれば、食べ応えがぐっと増します。麺は稲庭うどんでもよく合います。

# グリーンカレーつけ麺

市販のレトルト食材を簡単アレンジ！
スパイシーなグリーンカレーが
のど越しよく楽しめる、お気に入りメニュー。

## 材 料 2人分

そうめん…3束
なす…2本
しめじ…1パック
A めんつゆ(3倍希釈)…100㎖
水…300㎖
グリーンカレー(レトルト)…1袋
ライム(8等分に切る)…適量
バジルの葉…適量

## 作り方

1 なすはへたを除いて一口大に切る。しめじは石づきを除いて小房に分ける。

2 鍋に湯を沸かし、そうめんを袋の表示時間どおりにゆでてザルに上げ、冷水で締めて水気を切る。

3 別の鍋にAを入れて中火にかけ、沸騰したら1のなすとしめじを加えて煮立たせ、グリーンカレーを加えてひと煮立ちさせる。

4 器に2のそうめんと3のつけ汁をそれぞれ盛り、ライムとバジルの葉を添える。

# ニラたっぷりの
# そうめんチャンプルー

炒めたニラの風味が食欲をそそる！
おかずにも、おつまみにもなるから
シーンを問わず、どんな食卓にもぴったり。

## 材料 2人分

そうめん…2束
ニラ…1束
ツナ缶（油漬け）…1缶（70g）
卵…2個
A　顆粒鶏ガラスープの素…小さじ2
　│　しょうゆ…小さじ2
　│　みりん…小さじ2
サラダ油…大さじ1
塩…少々
こしょう…少々
ごま油…少々

## 作り方

1　ニラは5cm長さに切る。ツナ缶は油を切る。卵は割りほぐす。Aは混ぜ合わせる。

2　鍋に湯を沸かし、そうめんを袋の表示時間どおりにゆでてザルに上げ、冷水で締めて水気を切る。

3　フライパンにサラダ油小さじ2を入れて中火にかけ、1の溶き卵を流し入れ、大きくかき混ぜて半熟状になったら取り出す。

4　3のあいたフライパンにサラダ油小さじ1を入れて中火にかけ、1のニラとツナを加えてさっと炒める。Aを加えて煮立ったら2のそうめんと3の卵を加え、汁気がなくなるまで炒め合わせ、塩とこしょうで味を調えて、ごま油を回しかける。

5　器に4のそうめんチャンプルーを盛る。お好みで泡盛に島唐辛子を漬けた調味料「コーレーグス」を添えてもよい。

**MEMO**

フライパンにそうめんを加える
前に、調味料類を煮立たせてお
くのがコツ。そうめんにしっか
りと味が入り、ぽそぽそのダマ
になりません。ツナの代わりに
豚肉やベーコン、スパムなど、お
好きな具材を入れてもOKです。

# 鯛そうめん

鯛ならではの上品な旨みで、ワンランク上の一杯に。
肌寒くなった季節にもうれしい
体がじんわり温まるにゅうめんです。

## 材料 2人分

そうめん…2束
鯛（切り身）…2切れ
塩…小さじ1/4
A だし汁…500㎖
　酒…大さじ2
　みりん…大さじ2
　薄口しょうゆ…大さじ1
青ねぎ（斜め切り）…適量
ゆずの皮…適量

## 作り方

1 鯛は塩をふり、濡らしたペーパータオルに包んで冷蔵室で30分ほどおく。

2 鍋に湯を沸かし、そうめんを袋の表示時間どおりにゆでてザルに上げ、冷水で締めて水気を切る。

3 別の鍋にAを入れて中火にかけ、煮立ったら1の鯛を加えて3分ほど煮て取り出す。2のそうめんを加えて煮立たせる。

4 器に3のそうめんとつゆを盛って鯛をのせ、青ねぎとゆずの皮を添える。

> **MEMO**
> 刺身が手頃な価格で手に入った場合には、切り身の代わりに使ってもおいしくできます。切り身と同じく塩をふって30分ほどおき、サクの場合は大きめのそぎ切りにします。

## コングクス風 そうめん

豆乳と白だしを合わせるだけで
韓国で夏の定番「コングクス」風に。
まろやかスープは栄養もたっぷり。

### 材料 1人分

そうめん…1束
きゅうり…1/2本
A 豆乳（成分無調整）…200㎖
  白だし…大さじ1と1/2
キムチ…適量
ごま油…小さじ1
白いりごま…適量

#### MEMO

「トマトジュースそうめん」と同
様に、太めの手延べそうめんを
使うとクリーミーなスープが絡
みすぎず、よりおいしく楽しめ
るのでおすすめです。

### 作り方

1 きゅうりは薄めの斜め切りにしてから千
  切りにする。Aは混ぜ合わせる。

2 鍋に湯を沸かし、そうめんを袋の表示時
  間どおりにゆでてザルに上げ、冷水で締
  めて水気を切る。

3 器に2のそうめんを盛ってAをかけ、1の
  きゅうりとキムチをのせる。ごま油をた
  らし、いりごまをふる。

### 邦栄堂製麺
### 「生中華麺」

絶大な信頼を置き、中華麺や餃子の皮
を定期的にお取り寄せしている製麺所。
スープとのセットも重宝します。中麺、
太麺、細麺ちぢれ、細麺ストレート、
平太麺 各140円（スープとセットで
200円〜）／ https://houeidou.jp/

## arikoの
## おすすめお取り寄せ

麺

普段の食卓には、スーパーで
購入した麺を活用しますが
時折、お気に入りの3軒から
取り寄せて、ここぞとばかりに
腕をふるって楽しんでい
ます。

### 芝製麺
### 「最高級こだわり麺」

徳島の名産である半田そうめん。手延
べならではのコシがあるので、和え麺
にもおすすめです。数量限定の「最高
級こだわり麺」のほか、商品ラインナ
ップも豊富です。2.4kg（300g×8束）
3,888円／ https://shibaseimen.com/

### 手打十段 うどんバカ一代
### 「おみやげうどん」

本場・香川県にある釜バターうどんが人気の名
店。もちもち食感やのど越しのよさが特徴で、
現地で食べてそのおいしさに感激しました。う
どん・特製うどんだし各6食入り 1,500円／
http://www.udonbakaichidai.co.jp/

# PART — 3

# ごはん

## RICE

## いちばん大切にしているのは
## ごはんのおいしさを生かすこと

〝銀シャリに勝るものはなし〟と常々思っているので
しっかりとメリハリのある味つけの素材を合わせて、
ごはんのふっくらとした甘さを引き立たせる食べ方が好きです。
白いごはんにおかずをワンバウンドさせて食べたくなるように
日々の献立では、ごはんがおいしく進むことを心掛けています。

# 丼
## BOWL of RICE

## ごはん＋おかずを一品にして
## おいしさの相乗効果を

白米のおいしさをきちんと楽しみたいから、どんな丼ものでも
ごはんがべちゃつくような汁だくにするのは避けています。
ごはん＋おかずという献立にしても成り立つイメージで
具材をのせて、ひとつの料理にしたのが我が家の丼ものでしょうか。
一品でおなかをしっかり満たしてくれるのは、丼の魅力ですよね。

# サーモン
# アボカドポケ丼

サーモンのほかに、まぐろもおすすめ。
もう少しこってり濃厚さが欲しいとき
は、角切りにしたクリームチーズを加
えてもおいしいです。

火を使わずに和えるだけだから、
時間がないときのお助けごはんにも。
お手軽に、ハワイ気分になれます。

## 材料 2人分

すし飯…茶碗2杯分
サーモン…100g
アボカド…1個
【合わせ薬味】
| みょうが…1個
| かいわれ菜…適量
| 小ねぎ…適量
A しょうゆ…大さじ1と1/2
| ごま油…大さじ1と1/2
| ワサビ…小さじ1
白いりごま…適量
マヨネーズ…適宜

### すし飯 作りやすい分量

米2合を炊いたごはんにすし酢
(米酢大さじ4、砂糖大さじ2、
塩小さじ2を混ぜ合わせる)を
回しかけ、しゃもじで切るよ
うにさっくりと混ぜる。

## 作り方

1 サーモンは1.5cm角に切る。アボカドは
種と皮を除き、2cm角に切る。

2 合わせ薬味を作る。みょうがは縦4等分
に切ってから小口切りにする。かいわれ
菜は根を除き、1cm長さに切る。小ねぎ
は小口切りにする。すべてボウルに入れ
て水にさらし、ザルに上げて水気を切る。

3 別のボウルにAを混ぜ合わせ、1のサー
モンを入れて和える。味が馴染んだら、
アボカドを加えてざっくりと混ぜる。

4 器にすし飯を盛って3の具と合わせ薬味
をのせ、いりごまを散らす。お好みでマ
ヨネーズをかける。

# 梅入り
# しょうが焼き丼

梅の風味がアクセントになって
さっぱりと食べられます。
食べ飽きないように
シャキシャキのキャベツを添えて
食感に変化を出して。

## 材料　2人分

ごはん…茶碗2杯分
豚ロース薄切り肉…300g
しょうが…1かけ
梅干し…1個
A　しょうゆ…大さじ2
　　酒…大さじ1
　　みりん…大さじ1
　　砂糖…大さじ1
サラダ油…小さじ2
キャベツ(千切り)…適量
青じそ(千切り)…適量

## 作り方

1　しょうがはすりおろす。梅干しは種を除き、包丁でたたいてペースト状にする。ともにボウルに入れて、A を加えて混ぜ合わせる。

2　フライパンにサラダ油を入れて中火にかけ、豚肉を広げ入れて炒める。肉の色が変わったら、1のタレを加えて豚肉に絡めながら焼く。

3　器にごはんを盛ってキャベツと2の豚肉をのせ、青じそを散らす。

**MEMO**

スライス玉ねぎを加えて炒める
とボリュームアップします。豚
肉の代わりに、かじきまぐろを
使ってもおいしくできます。

# 鶏ごま丼

あっさりとしたササミに
香ばしいごまダレがよく合います。
気楽な丼ものと上品なだし茶漬け、
一品でふたつのおいしさが楽しめます。

MEMO

鯛の刺身でよく作っている鯛茶
漬けを、手に入りやすい鶏ササ
ミでアレンジしました。ねりご
まを溶くときに、酒を少しずつ
加えながら混ぜるのがダマにな
らないコツです。

材料 2人分

ごはん…茶碗2杯分
鶏ササミ…4本
【ごまダレ】
| 白ねりごま…大さじ2
| しょうゆ…大さじ2
| だししょうゆ…大さじ1
| 酒…大さじ1
小ねぎ(小口切り)…適量
ワサビ…適宜
だし汁…適量

作り方

1 鍋に湯を沸かし、ササミを入れて弱火で
30秒ほどゆで、火を止めて5分ほどお
いて余熱で火を通す。

2 ごまダレを作る。耐熱容器に酒を入れ、
ラップをせずに電子レンジ(600W)で50
秒ほど加熱して煮切り酒にする。ボウル
にねりごまを入れ、酒を少しずつ加えな
がらなめらかになるまでのばし、しょう
ゆとだししょうゆを加えて混ぜ合わせる。

3 1の鶏肉を一口大のそぎ切りにして、2の
タレで和える。

4 器にごはんを盛って3の鶏肉をのせ、小
ねぎを散らしてお好みでワサビを添える。
まずはそのままで、次にだし汁をかけて
お茶漬けにしていただく。

# 牛丼

ザ・男飯なイメージの牛丼を、
結びしらたきを添えたすき焼き風で
ちょっと品よく仕上げました。
バラバラにならず、食べやすいんです。

### 材料 2人分

ごはん…茶碗2杯分
牛薄切り肉…300g
玉ねぎ…1個
結びしらたき…1パック
A　めんつゆ（3倍希釈）…80ml
　　しょうゆ…大さじ1
　　砂糖…大さじ1
　　水…300ml
卵黄…2個分
紅しょうが…適量

### 作り方

1　牛肉は大きめのひと口大に裂く。玉ねぎ
　　は1cm厚さのくし形切りにする。結びし
　　らたきは水でさっと洗う。

2　鍋にAを入れて中火にかけ、沸騰したら
　　1の具を加える。煮立ったら弱火にして、
　　アクを除きながら牛肉と玉ねぎに火が通
　　るまで煮る。

3　器にごはんを盛って2の具をのせ、卵黄
　　を落として紅しょうがを添える。

---
MEMO

牛肉と相性がいいクレソンをざ
く切りにして、仕上げに添えて
もおいしいのでおすすめです。

---

# チャーハン

## FRIED RICE

## おいしく完成させるコツは
## 香りをしっかり立たせること

町中華に行けば、ラードで炒めたねぎの香りに
食欲をくすぐられ、注文せずにはいられないチャーハン。
我が家では、休日のランチメニューに重宝しています。
香りを楽しむのがチャーハンの醍醐味だと思うので、
仕上げに鍋肌からしょうゆをジュッ、は欠かせません。

# かにかまと
## レタスのチャーハン
............................................................

炒めることで風味が増したかにかまに
シャキシャキのレタスが相性よく
あっさりといただけるチャーハンです。

### 材料 2人分

ごはん（温かいもの）…茶碗2杯分
かに風味かまぼこ…50g
レタス…1/4個
長ねぎ…1/2本
卵…2個
サラダ油…大さじ2
A 顆粒鶏ガラスープの素…小さじ1
｜ 塩…小さじ1/2
｜ こしょう…少々
しょうゆ…小さじ1

### MEMO

このチャーハンには魚介系の素材が合うので、かにかまの代わりに鮭フレークを使ってもおいしくできます。

### 作り方

1 かにかまは食べやすい大きさにほぐす。レタスは一口大のざく切りにする。長ねぎはみじん切りにする。卵は割りほぐす。

2 フライパンにサラダ油を入れて中火にかけ、1の溶き卵を流し入れてひと混ぜしたら、すぐにごはんを加えて卵をまとわせるように混ぜながら炒める。Aをふり入れ、ごはんをほぐしながら炒める。

3 2に1のかにかまと長ねぎを加えて炒め、全体に味が馴染んだら、レタスを加えて手早く炒め合わせ、しょうゆを鍋肌から加えて香りをつける。

4 器に3のチャーハンを盛る。

# 納豆チャーハン

納豆に付属のタレと
砂糖を少し加えることで
特有の風味はマイルドに、
旨みはぐっとアップして
ひと味違うおいしさになります。

## 材料 2人分

ごはん(温かいもの)…茶碗大盛り2杯分
納豆…2パック
砂糖…小さじ2
焼き豚…70g
ザーサイ…大さじ2
卵…2個
サラダ油…大さじ2
長ねぎ(みじん切り)…10㎝
小ねぎ(小口切り)…大さじ2
塩…小さじ1/2
こしょう…少々
しょうゆ…小さじ1

## 作り方

1 納豆は付属のタレと砂糖を加えて混ぜ合わせる。焼き豚は1㎝角に切る。ザーサイは粗みじん切りにする。卵は割りほぐす。

2 フライパンにサラダ油を入れて中火にかけ、1の溶き卵を流し入れてひと混ぜしたら、すぐにごはんを加えて卵をまとわせるように混ぜながら炒める。

3 2に長ねぎを加えて炒め、香りが出たら1の焼き豚とザーサイを加えて炒め合わせ、塩をふる。納豆と小ねぎを加えて手早く炒め合わせ、こしょうで味を調え、しょうゆを鍋肌から加えて香りをつける。

4 器に3のチャーハンを盛る。

**MEMO**

青山の名店「ふーみん」の人気メニューを家庭料理にアレンジしました。納豆が主役なので、焼き豚は豚こま切れ肉やひき肉に替えてもOKです。ザーサイは瓶詰を使用します。

# セロリの葉と
# アンチョビのチャーハン

チャーハンがおしゃれな一皿に！
香り高いイタリアンな味わいには
キリリと冷えた白ワインがよく合います。

## 材料　2人分

ごはん（温かいもの）…茶碗2杯分
セロリの葉…2本分
にんにく…1かけ
バター…大さじ1
オリーブオイル…小さじ2
アンチョビフィレ…3枚
塩…少々
こしょう…少々
しょうゆ…小さじ2

## 作り方

1　セロリの葉と細い茎の部分を粗みじん切りにする。にんにくはみじん切りにする。

2　フライパンにバター、オリーブオイル、1のにんにくを入れて中火にかけ、香りが出たらアンチョビを加えてほぐしながら炒める。

3　2にごはんと1のセロリを加え、強めの中火で全体を炒め合わせたら、塩とこしょうで味を調え、しょうゆを鍋肌から加えて香りをつける。

4　器に3のチャーハンを盛る。

> ┤ MEMO ├
>
> 爽やかな風味のセロリと旨みが強いアンチョビの組み合わせは、パスタにもぴったり。ごはんの代わりにゆで上げたパスタを加えて、さっと炒め合わせるだけでOKの簡単アレンジです。

# だし炊きごはん

## RICE with BROTH

### 具材のおいしさが引き立つ！
### ひと味違う、和食屋さん風に

好きな和食屋さんで締めに登場した、だし炊きのごはん。
とてもおいしくて、すぐに真似してみたところ
家族にも好評で、我が家の定番となりました。
だし炊きにすると、具材との馴染みがよく
下地として具材の持ち味を生かしてくれるのです。

# 新しょうがのだし炊きごはん

みずみずしい新しょうがの爽やかな香りが広がります。
冷めてもおいしいので、おにぎりにしても◎です。

### 材料 2～3人分

米…2合
新しょうが…50g
油揚げ…1枚
A 白だし…大さじ2
　 酒…大さじ2
　 水…300㎖
梅干し…2個

### 作り方

**1** 米はといでから15分ほど浸水させて、ザルに上げる。新しょうがは汚れた部分をスプーンなどでこそげ取り、千切りにする。油揚げは5㎜角に切る。

**2** 鍋に1の米を入れてAを加え、新しょうがと油揚げ、梅干しをのせる。ふたをして中火にかけ、沸騰したらさらに2分ほど加熱し、火を弱めて12分ほど炊く。火を止めて10分ほど蒸らす。

**3** 梅干しを崩しながら全体をさっくりと混ぜ、器に盛る。

**MEMO**

新しょうがのフレッシュな風味をより楽しみたい場合は、油揚げと梅干しのみを炊き込み、炊き上がりに新しょうがを加えてごはんと一緒に蒸らします。みょうがごはんもおすすめです。

# 豚バラとエリンギの だし炊きごはん

ガリバタしょうゆで味つけした具材は
がっつりと食べ応えがあるから
ごはんと合わせてぺろりといけます。

## 材料 2〜3人分

米…2合
A 白だし…大さじ1
　 酒…大さじ1
　 水…350㎖
豚バラ薄切り肉…150g
エリンギ…2パック
にんにく…1/2かけ
バター…20g
B 顆粒コンソメスープの素…小さじ1
　 塩…小さじ1/2
　 粗びき黒こしょう…少々
しょうゆ…小さじ2
パセリ（みじん切り）…適量
すだち（くし形切り）…適宜

MEMO

エリンギの代わりにマッシュルームを
使うと、洋風のアレンジになります。
仕上げにはパセリ以外に、刻んだ小ね
ぎを散らしてもおいしいです。

## 作り方

1 米はといでから15分ほど浸水させて、
ザルに上げる。

2 鍋に1の米を入れてAを加える。ふたを
して中火にかけ、沸騰したらさらに2分
ほど加熱し、火を弱めて12分ほど炊く。
火を止めて10分ほど蒸らす。

3 豚肉は2㎝幅に切り、沸騰した湯にさっ
とくぐらせて色が変わったら、ザルに上
げる。エリンギは3㎝長さの薄切りにす
る。にんにくはみじん切りにする。

4 フライパンにバターと3のにんにくを入
れて中火にかけ、香りが出たら豚肉を加
えてさっと炒め、エリンギを加える。エ
リンギがしんなりしてきたらBを加え、
しょうゆを回しかけて全体を混ぜる。

5 炊き上がった2のごはんに4の豚肉とエ
リンギをのせ、パセリをふる。

6 全体をさっくりと混ぜて器に盛り、お好
みですだちを絞りかける。

# 鮭とまいたけの
## だし炊きごはん

鮭は焼いてからごはんに加えることで
くさみが出ず、旨みをストレートに味わえます。
いくらを散らして、ちょっと贅沢に。

### 材料　2〜3人分

米…2合
甘塩鮭(切り身)…2切れ
まいたけ…1パック(100g)
しょうが…1かけ
A　白だし…大さじ2
　　酒…大さじ1
　　ごま油…小さじ2
　　水…300㎖
いくら…適量
かいわれ菜…適量

### 作り方

1　米はといでから15分ほど浸水させて、ザルに上げる。まいたけは手でほぐす。しょうがは千切りにする。

2　鍋に1の米を入れてAを加え、まいたけとしょうがをのせる。ふたをして中火にかけ、沸騰したらさらに2分ほど加熱し、火を弱めて12分ほど炊く。火を止めて10分ほど蒸らす。

3　フライパンに鮭を並び入れて中火にかけ、両面を焼いたらふたをして中まで火が通るように蒸し焼きにする。皮と骨を除いてざっくりとほぐす。

4　炊き上がった2のごはんに3の鮭といくらをのせ、かいわれ菜を添える。

5　全体をさっくりと混ぜて器に盛る。

> **MEMO**
>
> 鮭の彩りが映えるように、レシピでは白まいたけを使っています。普通のまいたけはもちろん、しめじやえのきなど好きなきのこをミックスしてもOK。鮭はこんがり焼きすぎずに、ふっくらと仕上げるのがポイントです。

# かけごはん

## ON THE RICE

## たっぷりのソースごと
## ごはんに絡めておいしさ倍増

「このソース、もったいない！」と、お皿に残った
ソースにごはんを投入して、絡めて食べたくなるような
おかずってありますよね？ かけごはんとは、
そんなおかずとごはんを組み合わせたイメージです。
ソースやタレごとスプーンですくって召し上がれ。

# キーマカレー

**MEMO**

ピーマンは最後に加えることで風味と食感を生かして、口当たりよく仕上げたキーマカレーのアクセントにしています。カレー粉とガラムマサラの量は、お好みのスパイシーさに合わせて加減してもOKです。

長時間コトコト煮込む必要なし！
素材の旨みを生かした無水キーマは
ピーマンの風味がアクセント。

## 材料　2人分

ごはん…茶碗2杯分
合いびき肉…400g
玉ねぎ…2個
セロリ…1本
ピーマン…2個
にんにく…1かけ
しょうが…1かけ
サラダ油…大さじ2
A　カレー粉…大さじ4
　　ガラムマサラ（あれば）…大さじ1
　　顆粒コンソメスープの素…小さじ2
トマト水煮缶…1缶（400g）
トマトケチャップ…大さじ2
半熟ゆで卵…2個

## 作り方

1　玉ねぎとセロリは粗みじん切りにする。ピーマンはへたと種を除き、1.5cm角に切る。にんにくとしょうがはみじん切りにする。

2　鍋にサラダ油を熱し、ピーマン以外の1の野菜を入れて全体がしんなりするまで炒める。ひき肉とAを加え、肉の色が変わってパラパラになるまで炒め合わせる。

3　2にトマト缶を加えて15分ほど煮る。ケチャップを加えて、塩、こしょう各少々（ともに分量外）で味を調える。1のピーマンを加えてひと混ぜする。

4　器にごはんを盛って3のカレーをかけ、ゆで卵をのせる。

# えびチリ
# 卵ごはん

ふんわり卵を合わせて
まろやかに仕上げました。
中華の人気メニューを
ワンディッシュにすれば、
お子様でも気軽に楽しめます。

## 材料 2人分

ごはん…茶碗2杯分
えび（殻つき）…10尾
片栗粉…大さじ1と1/2
卵…3個
A トマトジュース…100mℓ
　 トマトケチャップ…大さじ3
　 紹興酒（酒でも可）…大さじ1
　 しょうゆ…小さじ2
　 顆粒鶏ガラスープの素…小さじ1
　 砂糖…小さじ1
　 豆板醤…小さじ1/2
　 塩…小さじ1/2
　 水…100mℓ
サラダ油…大さじ2
にんにく（みじん切り）…小さじ1
しょうが（みじん切り）…小さじ1
【水溶き片栗粉】
　 片栗粉…小さじ2
　 水…小さじ2
長ねぎ（みじん切り）…大さじ1
ごま油…小さじ1

## 作り方

1 えびは殻と尾を除き、背側に包丁を入れて背わたがあれば取り、片栗粉をまぶす。鍋にたっぷりの湯を沸かし、えびをさっとゆでてザルに上げる。卵は割りほぐす。Aは混ぜ合わせる。

2 フライパンにサラダ油大さじ1を入れて強めの中火にかけて1の溶き卵を流し入れ、大きくかき混ぜて半熟状になったら取り出す。

3 2のあいたフライパンにサラダ油大さじ1、にんにく、しょうがを入れて中火にかけ、香りが出たらAを注ぎ、強火にして沸騰させる。水溶き片栗粉を混ぜながら加えてとろみをつける。

4 3に1のえびを入れてひと混ぜし、2の卵と長ねぎ（仕上げ用に少量残す）を加えて全体を絡め合わせ、ごま油を回しかける。

5 器にごはんを盛って4のえびチリをかけ、残しておいた長ねぎを散らす。

**MEMO**

豆板醬の量は、お好みの辛さに合わせ
て加減してください。えびならではの
旨みや食感を楽しめるように、殻つき
を使うのがおすすめです。

# ジーロー飯

••••••••••••••••••••••••••••

しっとり&あっさりと蒸し上げた鶏肉に
パンチがあるタレと薬味をプラス。
ごはんがすすむ台湾フード。

**材料** 2人分

ごはん…茶碗2杯分
鶏胸肉(皮なし)…200g
酒…大さじ1
塩…小さじ1/2
しょうが(薄切り)…2枚
長ねぎの青い部分(粗みじん切り)
　…1本分
【タレ】
長ねぎの白い部分(粗みじん切り)
　…大さじ4
A ごま油…大さじ1
　しょうが(みじん切り)…小さじ2
　にんにく(みじん切り)…小さじ1
B しょうゆ…大さじ1
　砂糖…小さじ1
　塩…少々
　五香粉…少々
フライドオニオン(あれば)…適量
小ねぎ(小口切り)…適量
たくあん…適宜

**作り方**

1　鶏肉を耐熱容器に入れて酒と塩をまぶし、しょうがと長ねぎをのせる。ラップをかけて電子レンジで5分ほど加熱するか、蒸し器に入れて8分ほど蒸す。冷めたら鶏肉を粗く裂き、蒸し汁は残しておく。

2　タレを作る。小さめのフライパンにAを入れて中火にかけ、香りが出たら長ねぎを加えて炒める。長ねぎが色づいたら1の蒸し汁とBを加え、ひと煮立ちさせる。

3　器にごはんを盛って1の鶏肉をのせ、2のタレをかける。フライドオニオンと小ねぎを散らし、お好みでたくあんを添える。

> **MEMO**
> フライドオニオンがあれば、本場の台湾らしい味になるのでお試しください。仕上げに半熟状に焼いた目玉焼きをのせて、崩しながら食べてもおいしいです。

# 置き弁

## OKI-BEN

## 作り置きのランチでも
## おいしく楽しくを心掛けて

外出して家をあけるとき、在宅している家族のために
または、リモートワーク時に自分自身の昼食として作る「置き弁」。
夕食の残りや常備菜などのありあわせでも、ワンプレートに
バランスよく盛り合わせれば、楽しい一食になります。
食べるときに温かい汁ものを添えれば、おいしさも増すはず。

# おにぎり
·······················

冷めたごはんならではの
おいしさがおにぎりの持ち味。
豊富なバリエーションに
大人だって心が躍ります。

## B 味玉

**材料** 2個分

ごはん…200g
卵…2個
めんつゆ(3倍希釈)…大さじ2
水…大さじ1
焼きのり…2枚
黒いりごま…少々

**作り方**

1 味玉を作る。鍋に湯を沸かし、卵を静かに入れて6分30秒ほどゆでて冷水に取り、冷めたら殻をむく。保存袋に卵、めんつゆ、水を入れ、冷蔵室に半日ほどおく。

2 ボウルにごはんとめんつゆ小さじ2(分量外)を入れてさっくりと混ぜる。

3 2等分にしてそれぞれラップに包み、1の味玉を汁気を取って中に入れ、三角形に握る。のりで巻いて黒ごまをふる。

## A カリカリ梅、しらす、青じそ

**材料** 2個分

ごはん…200g
カリカリ梅(みじん切り)…15g
しらす…15g
塩…少々
青じそ(千切り)…3枚分

**作り方**

1 ボウルにごはん、カリカリ梅、しらす、塩を入れてさっくりと混ぜる。

2 2等分にして、それぞれラップに包んで三角形に握り、青じそをのせる。

## C 生ハムとクリームチーズ

**材料** 2個分

ごはん…200g
クリームチーズ(16gキューブ)…3個
生ハム…2枚
塩…少々
こしょう…少々
ピンクペッパー…適宜

**作り方**

1 クリームチーズと生ハムは食べやすい大きさにちぎる。

2 ボウルにごはんを入れて粗熱を取る。1の具、塩とこしょうを加えてさっくりと混ぜる。

3 2等分にして、それぞれラップに包んで丸く握り、お好みでピンクペッパーを散らす。

## E かぶの葉の 菜めしと明太子

### 材料 2個分

ごはん…200g
かぶの茎(みじん切り)…3~4本分
塩…小さじ1/4
辛子明太子…1/2腹

### 作り方

1 かぶの茎は塩をふって10分ほどおき、出た水気をしっかりと絞る。明太子はほぐす。

2 ボウルにごはんと1のかぶの茎を入れてさっくりと混ぜる。

3 2等分にしてそれぞれラップに包み、1の明太子を中に入れ、三角形に握る。

## D ひきわり納豆と ゆかり

### 材料 2個分

ごはん…200g
ひきわり納豆…1パック
ゆかり…大さじ1

### 作り方

1 納豆は付属のタレを加えて混ぜる。

2 ボウルにごはんとゆかりを入れてさっくりと混ぜる。

3 2等分にしてそれぞれラップに包み、1の納豆を中に入れ、三角形に握る。

## F 肉巻き

### 材料 4個分

ごはん…200g
豚バラ薄切り肉…8枚
塩…少々
こしょう…少々
A 酒…大さじ1
 しょうゆ…大さじ1
 みりん…大さじ1
 砂糖…小さじ2
小麦粉…適量
サラダ油…小さじ1
サラダ菜…2枚
白いりごま…適量

### 作り方

1 ごはんを4等分にして俵形に握る。豚肉は塩とこしょうをふる。Aは混ぜ合わせる。

2 1の豚肉1枚を広げて、端におにぎり1個を横向きにのせ、くるくると巻く。さらにもう1枚を広げて、おにぎりを縦向きにのせ、ごはんが隠れるように巻いて小麦粉を薄くまぶす。

3 フライパンにサラダ油を入れて中火にかけ、2のおにぎりを豚肉の巻き終わりを下にして並べ入れ、全面にこんがりとした焼き色がつくまで転がしながら焼く。余分な油をペーパータオルでふき取り、Aを加えて照りが出るまで焼きつける。

4 サラダ菜を添えていりごまをふる。

# おかず

時間がたつにつれて
味が馴染んでおいしいおかずは
味わいや食感、彩りを
バランスよく組み合わせて。

## 梅酢からあげ

### 材料　2人分

鶏モモ肉…1枚（300g）
A 梅酢…大さじ1
　 酒…大さじ1
　 しょうゆ…小さじ2
　 砂糖…小さじ2
片栗粉…適量
小麦粉…適量
揚げ油…適量

### 作り方

1 鶏肉は余分な脂肪を除き、一口大に切る。

2 ボウルにAを混ぜ合わせ、1の鶏肉を加え
　 てもみ込み、10分ほどおく。

3 バットなどに片栗粉と薄力粉を同量ずつ混
　 ぜ合わせる。2の鶏肉を汁気を取ってまぶ
　 しつけ、余分な粉をはたく。

4 揚げ油を170℃に熱して3の鶏肉を入れ、
　 中火で3分ほど揚げ、裏返してさらに2～
　 3分揚げる。強火にして全体がきつね色に
　 なるまでカリッと揚げる。

## 紫大根の甘酢漬け

### 材料　作りやすい分量

紫大根…150g
塩…小さじ1/2
A 酢…大さじ4
　 砂糖…大さじ2

### 作り方

1 紫大根はスライサーで薄めの輪
　 切りにして、塩をふってしんな
　 りするまで馴染ませる。

2 ボウルにAを混ぜ合わせ、1の
　 紫大根を水気を絞って加えて和
　 え、30分ほどおく。

## 甘い卵焼き

<u>材 料</u> 2人分

卵…4個
A 砂糖…大さじ2
　白だし…小さじ2
　薄口しょうゆ…小さじ1
　サラダ油…適量
　水…80mℓ

<u>作り方</u>

1 ボウルに卵を割り入れ、菜箸で白身を切るようにしてほぐし、Aを加えて溶き混ぜる。

2 卵焼き器を強めの中火にかけ、サラダ油小さじ1（分量外）を入れて全体に馴染ませる。1の卵液をたらしてジュッと音がするくらいに温度が上がったら中火にして、卵液の1/4量を流し入れて全体に広げる。端が固まって半熟状になったら奥から手前に巻く。

3 2の焼いた卵を奥へ動かし、手前のあいたスペースにサラダ油数滴（分量外）をたらして広げ、残りの卵液の1/3量を流し入れる。焼いた卵を菜箸で持ち上げ、その下にも卵液を流し込む。端が固まり始めたら、焼いた卵の横から菜箸を差し入れ、奥から手前に折りたたむように巻く。これをあと2回繰り返す。

4 3の卵焼きを巻きすかアルミ箔の上に取り出し、巻いて形を整える。粗熱が取れたら、食べやすい厚さに切る。

## きゅうりとかぶの浅漬け

<u>材 料</u> 作りやすい分量

きゅうり…3本
かぶ…4〜5個
塩…小さじ1/2
A 白だし…大さじ4
　酢…大さじ2
　水…大さじ2

<u>作り方</u>

1 きゅうりはピーラーで縞状に皮をむき、乱切りにする。かぶは茎を少し残して葉を除き、8等分のくし形切りにする。ボウルに合わせて入れ、塩をふって馴染ませる。

2 保存袋にAを混ぜ合わせ、水気を切った1のきゅうりとかぶを加えて冷蔵室で1時間ほどおく。

# おかず

## 小松菜のナムル

**材料** 2人分

小松菜…1束
A ごま油…大さじ1
│ だししょうゆ…小さじ2
│ しょうが(すりおろし)…小さじ1
塩…少々
白いりごま…大さじ1

### 作り方

1 小松菜は葉と茎に切り分ける。

2 鍋にたっぷりの湯を沸かして塩少々(分量外)を入れ、1の小松菜の茎を加えて30秒ほどゆで、葉を加えてさらに30秒ほどゆでる。ザルに上げて粗熱を取り、4cm長さに切って水気を絞る。

3 ボウルにAを混ぜ合わせ、2の小松菜を加えて和え、塩で味を調えていりごまをふる。

## パプリカのきんぴら

**材料** 作りやすい分量

赤パプリカ…1個
黄パプリカ…1個
A 酒…大さじ1
│ みりん…大さじ1
│ しょうゆ…大さじ1
│ 砂糖…小さじ1
│ 塩…少々
ごま油…小さじ2
白いりごま…適量

### 作り方

1 パプリカはへたと種を除き、8mm幅の細切りにする。Aは混ぜ合わせる。

2 フライパンにごま油を入れて中火にかけ、1のパプリカを加えてしんなりするまで炒める。Aを加えて全体に馴染むように炒め合わせ、いりごまをふる。

# ちくわの
# クリームチーズ、
# きゅうり詰め

## 材料 2人分

ちくわ…4本
きゅうり…1/2本
クリームチーズ(16gキューブ)…2個
クレオールスパイスミックス…適宜

## 作り方

1　きゅうりはちくわの穴に合わせて縦4～6等分に切り、ちくわ2本に詰めて食べやすい長さに切る。

2　クリームチーズは室温に戻して柔らかくする。残りのちくわ2本は食べやすい長さに切り、クリームチーズを詰めて、お好みでクレオールスパイスミックスをふる。

# 卵入リマカロニサラダ

## 材料 2人分

マカロニ…100g　　マヨネーズ…大さじ4
玉ねぎ…1/4個　　　練乳…大さじ1
ゆで卵…2個　　　　塩…小さじ1/2
酢…小さじ2　　　　こしょう…少々

## 作り方

1　玉ねぎはみじん切りにして塩少々(分量外)をふり、しんなりしたら水気を絞る。ゆで卵は粗くつぶす。

2　鍋にたっぷりの湯を沸かし、マカロニと塩小さじ2(分量外)を加えて袋の表示時間どおりにゆでる。ザルに上げて水気を切り、ボウルに入れて、熱いうちに酢を加えて混ぜ合わせ、粗熱を取る。

3　2に1の玉ねぎとゆで卵、マヨネーズ、練乳を加えて和え、塩とこしょうで味を調える。

# 季節を楽しむ

## サラサラごはん

口当たりよく、サラッと食べられるものが大好きなので、汁っぽいごはんもお楽しみのひとつ。四季折々、ここぞというときに作りたくなる3品をご紹介します。

暑さが厳しい夏には「冷や汁」を。ひんやり冷やしただし汁は、あじの旨みがたっぷり。シャキッと爽やかな薬味が効いて、バテ気味の体が生き返るようなおいしさです。

肌寒い季節にうれしいのは熱々の「うなぎ雑炊」。スーパーでお手頃なかば焼きを見つけたらお試しを。雑炊にすることで、うなぎがふっくらとおいしく仕上がります。

お正月明け、我が家の恒例は七草粥ならぬ「二草粥」です。せりとかぶの葉だけで簡略した分、ひと手間かけたべっこうあんをかけて、じんわり染みる味わいに仕上げます。

118

# 冷や汁

**材料** 2人分

ごはん…茶碗2杯分　　小ねぎ…2本
あじの干物…1枚　　　青じそ…4枚
きゅうり…1/2本　　　味噌…大さじ4
豆腐…1/4丁　　　　　だし汁…400mℓ
みょうが…1個　　　　白すりごま…適量

## 作り方

1　きゅうりは薄い小口切りにして塩少々
　　（分量外）をふって馴染ませ、出た水気を
　　絞る。豆腐は4等分に切る。みょうがと
　　小ねぎは小口切りに、青じそは千切りに
　　して、それぞれ水にさらして水気を切る。
　　だし汁は冷蔵室で冷やす。

2　あじの干物を魚焼きグリルなどでこんが
　　りと焼き、頭と尾、骨、皮を除いて身を
　　ほぐす。

3　アルミ箔に味噌を塗り広げ、オーブント
　　ースターで焼き色がつくまで5〜6分こ
　　んがりと焼く。

4　ボウルに1のだし汁と3の味噌を入れて
　　よく混ぜ溶き、2のあじ、きゅうり、豆
　　腐を加える。

5　器に4の汁と具を盛って1のみょうが、小
　　ねぎ、青じそを散らし、すりごまをふる。
　　豆腐を崩しながらごはんにかけていただ
　　く。

# うなぎ雑炊

## 材料 2人分

ごはん…茶碗1杯分
うなぎ(かば焼き)…1尾
しいたけ…2個
卵…1個
A  だし汁…400㎖
   みりん…大さじ1
   薄口しょうゆ…小さじ2
   塩…少々
三つ葉(ざく切り)…適量

## 作り方

**1** ごはんはザルに入れて流水で洗い、水気を切る。うなぎは2㎝幅に切る。しいたけは石づきを除いて薄切りにする。卵は割りほぐす。

**2** 鍋にAを入れて中火にかけ、沸騰したら1のごはんとしいたけを加える。煮立ったらうなぎをのせてひと煮立ちさせ、溶き卵を回し入れ、ふたをして火を止める。

**3** ふたを開けて三つ葉を散らし、器に盛る。

# 二草粥べっこうあん

## 材料 2人分

米…大さじ4
水…400mℓ
せり…1/2束
かぶの葉…3〜4本
A だし汁…150mℓ
 ┃ しょうゆ…大さじ1
 ┃ みりん…大さじ1
 ┃ 塩…少々
【水溶き片栗粉】
 ┃ 片栗粉…大さじ1弱
 ┃ 水…大さじ1
梅干し…2個
塩昆布…適宜

## 作り方

**1** 米はといで鍋に入れ、水を加えてふたをし、強火にかける。沸騰したら弱火にして、底から大きくかき混ぜ、ふたを少しずらして40分ほど煮る。

**2** せりはさっとゆでて冷水に取り、水気を絞って2cm長さに切る。かぶの葉は5mm長さに切り、塩少々（分量外）をふって馴染ませ、出た水気を絞る。

**3** べっこうあんを作る。小鍋にAを入れて中火にかけ、煮立ったら水溶き片栗粉を回し入れて沸騰させる。

**4** 1の粥に2のせり、かぶの葉、梅干しをのせて3のべっこうあんをかける。お好みで塩昆布を添える。

## 野中わさび園
## 「地産わさび丼セット」

フレッシュなわさびをはじめ、西伊豆の素材でわさびごはんが楽しめるセット。わさび100g、天日干し無農薬栽培米2合、西伊豆田子産鰹節、西伊豆焙りのり入り3,900円／ https://www.munouyaku-wasabi.com/

## 十二堂えとや
## 「梅の実ひじき」

甘じょっぱいしそ風味の肉厚ひじきにカリッと食感のよい梅の実、いりごまの香りを合わせて。炊き立てごはんにかけたり、おにぎりにしたり、朝食に◎。150g 756円／ http://www.1210-etoya.com/

ariko の
おすすめお取り寄せ

# ごはんのお供

凝ったおかずを用意せずとも、白飯を引き立ててくれるお供があれば、添えるだけで一膳を平らげてしまうほど。料理のアクセントやお酒のアテにもなります。

## 花錦戸
## 「まつのはこんぶ」

松葉のように細く刻んだ昆布をすっぽんだしで炊き、山椒の風味をほんのり効かせています。サラダや和えものに加えたり、お刺身にのせたりしてもおいしいです。
75g 2,160円／ ☎0120-70-4652

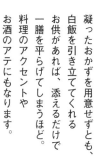

### 五味商店
### 「味付塩海苔」

有明産の味付け海苔に沖縄粟国の
海塩をプラスして旨みたっぷり。
おやつやおつまみとして、そのま
まパリパリと食べても◎。東京・
大森にある海苔問屋さんのオリジ
ナル商品です。6切35枚入り756
円／ http://gomishoten.com/

### 味市春香なごみ
### 「鮭明太」

しっとりと焼き上げた鮭のほぐし
身とプチプチの明太子を和えてい
ます。焼き鮭と明太子の旨みが相
まって、ごはんが進むこと間違い
なしです。150g×2個セット 2,500
円／ https://www.ajiichiharuka-
nagomi.com/

### かば田
### 「昆布漬辛子めんたい『雷』」

上質なたらこを刻み昆布とともに漬け
込んだ、味わい深い一品。いただきも
ので初めて食べたときはおいしさに驚
き、以来リピートしています。パスタ
やうどんにプラスすることも。236g
2,540円／ https://www.kabata.com/

### すや亀
### 「おむすび梅」

### 千駄木腰塚
### 「自家製コンビーフ」

職人が一つずつ手作りしている大
人気コンビーフ。熱々のごはんに
のせれば脂がとろけて、まろやか
な旨みが広がります。しょうゆを
少しかけたり、卵黄を落とすのも
おすすめです。400g 2,780円／
https://www.koshizuka.jp/

余計なものを加えずに、塩としそ
で漬け込んだカリカリ梅を細かく
刻んでいます。ごはんに混ぜ込め
ば、彩りがよいおにぎりに。長野
県・善光寺門前で、味噌を中心に
取り扱う老舗の品。85g 432円／
https://www.suyakame.co.jp/

ごはんの一品だけのときでも、汁ものを添えれば、ぐんと満足度が増します。

和食にはやっぱりお味噌汁を。大根を実にしたものはよく作ります。炒めると大根特有のクセが抑えられ、汁に油気が加わって旨み増しに。洋食のときはポタージュが好きです。玉ねぎ以外にも、にんじんやかぶ、カリフラワーなど季節のおいしい野菜を単一で素材にします。中華スープにはとろみが欠かせません。トマトなしでも、あるいは代わりにコーン缶やきのこなどを加えてもいいと思います。

## 炒め大根の

## 味噌汁

### 材料　2人分

大根…5cm（200g）
大根の葉…少々
ごま油…小さじ2
だし汁…400㎖
味噌…大さじ2と1/2

### 作り方

1　大根は8mm幅の細切りにする。葉はみじん切りにする。

2　鍋にごま油を入れて中火にかけ、1の大根を加えてしんなりするまで炒める。だし汁を加え、大根が柔らかくなったら味噌を溶き入れる。

3　器に2の味噌汁を盛り、1の大根の葉を散らす。

# 玉ねぎの
# ポタージュ

### 作り方

1 玉ねぎは2cm角ほどのざく切りにする。

2 鍋に1の玉ねぎとバターを入れて弱火にかけ、塩をふってふたをする。時折混ぜながら20分ほど加熱する。だし汁を加え、10分ほど煮込む。

3 2のスープベースをミキサーに入れ、なめらかになるまで撹拌して、塩とこしょう各少々（ともに分量外）で味を調える。

4 器に3のスープを盛り、パセリを散らしてオリーブオイルをたらす。

### 材料　2人分

玉ねぎ…2個
バター…大さじ2
塩…少々
だし汁…400ml
パセリ（みじん切り）…少々
オリーブオイル…少々

# トマ玉スープ

### 材料　2人分

| | |
|---|---|
| トマト…大1個 | A 顆粒鶏ガラスープの素 |
| 卵…1個 |   …小さじ2 |
| 【水溶き片栗粉】 | 塩…小さじ1 |
| 　片栗粉…大さじ1 | 砂糖…小さじ1 |
| 　水…大さじ1 | こしょう…少々 |
| ごま油…小さじ2 | 水…400ml |

### 作り方

1 トマトは8等分のくし形切りにしてから横半分に切る。卵は割りほぐす。

2 鍋にAを入れて中火にかけ、沸騰したら1のトマトを加えてひと煮立ちさせる。水溶き片栗粉を回し入れ、とろみがついたら溶き卵を細く流し入れ、ごま油をたらす。

3 器に2のスープを盛る。

# ごはん茶碗の話

## さまざまな色や形から
## 好きなものを選ぶ楽しさ

器は料理を引き立ててくれる大切な存在。好きな作家さんの個展に足を運んだり、気になる器屋さんを覗いたりして、少しずつ買い集めています。私と同じく、器がお好きでさまざまな皿や鉢などをお持ちでも、ごはん茶碗は自分専用のものを決めて使っている方もいらっしゃるかもしれません。

我が家は3人家族ですが、ごはん茶碗は数多くあります。セットで揃えているわけでもなく、大好きな余宮隆さんや松浦ナオコさんといった作家ものをはじめ、ふと目に留まって気に入ったものなど、その都度一つずつ買ったものばかり。デザインや質感、大きさや形もいろいろ。「今日は量を控えめにしたいな」と思ったら小ぶりの

サイズを選びます。あるいは、お茶漬けにしたいときは口がちょっと開いたもの、丼にしたいときは深めのものなど、小丼によって使い分けることもできます。他の食器とのコーディネートを考えるのも楽しいですよね。

また、和食屋さんで日本酒をいただくとき、並んだお猪口から選べる演出がありますよね。我が家にお客様がいらしたときも、お好きな茶碗を選んでもらっています。どれにしようか目移りしつつ、一つを手に取る楽しさが生まれます。

作家ものの中でも、ごはん茶碗は手が届きやすい価格帯が多いと思います。憧れの作家さんがいたら、入門編としてごはん茶碗を購入するのもいいのではないでしょうか? 毎日のように使うものだからこそ、好きな茶碗があると日々の食卓がぐっと豊かになると思います。

ariko

『CLASSY.』『VERY』などのファッション誌を
担当するエディター、ライター。夫、息子と
3人暮らし。インスタグラム(@ariko418)に
投稿されるセンスあふれる料理の写真と食
いしん坊の記録が話題を集め、フォロワー
数は現在21万人を超える。美味しいもの好
きから絶大な人気を集めている。著書に
『arikoの食卓』シリーズ(ワニブックス)、
『arikoのごはん』『arikoの家和食』(講談社)、
『arikoの喫茶室』(マガジンハウス)など。

arikoの日々、麺、ごはん

発行日　2023年11月30日　初版第1刷発行

著者　　ariko
発行者　小池英彦
発行所　株式会社 扶桑社
　　　　〒105-8070
　　　　東京都港区芝浦1-1-1 浜松町ビルディング
　　　　電話 03-6368-8889 (編集)
　　　　　　　03-6368-8891 (郵便室)
　　　　www.fusosha.co.jp
印刷・製本　大日本印刷株式会社

## staff

デザイン　　　　川村哲司(atmosphere ltd.)
撮影　　　　　　山田耕司
スタイリング　　山口裕子(+y design)
料理アシスタント　コバヤシリサ、玉利沙綾香
取材・文　　　　首藤奈穂
校正　　　　　　小出美由規
DTP制作　　　　ビュロー平林
編集デスク　　　川井明子
編集　　　　　　遠山由美子